Leonie Alt

Speckstein-Figuren gestalten

Schritt-für-Schritt-Anleitung
Technik - Beispiele

Augustus Verlag
Augsburg

Inhalt

Vorwort 5
Speckstein, was er ist und was man mit ihm machen kann 6
Wo bekomme ich Speckstein her? 7
Wo kann ich arbeiten? 8
Werkzeug und Hilfsmittel 8
Über das Gestalten – nur ein paar Worte 10
Ideenfindung 11
Der Weg zur ersten Plastik – Grundtechniken Schritt-für-Schritt.12
Galerie der Kleinplastiken 17
Tierisches 18
Menschliches 33
Gegenständlich – Ungegenständlich 51

Zur Autorin

Bevor Frau Alt erfolgreich das Gestalten mit Speck unterrichtete, führte sie ihr Weg über verschiedene andere künstlerische Ausdrucksmöglichkeiten. Sie begann mit der Holzbildhauerei, gestaltete dann in Ton sakrale Figuren bis zu einem Meter Höhe. Auch mit dem ungewöhnlichen Material Schiefer hat sie eine Zeit lang gearbeitet, bis sie vor etwa einem Dutzend Jahren den Speckstein als ideales Material für den Einstieg ihrer Schülerinnen in das bildhauerische Gestalten entdeckte und ihre erfolgreiche Lehrtätigkeit in Kursen und Seminaren (z.B. VHS Düsseldorf, auf Formentera) damit fortsetzte.

Verfasser und Verlag bedanken sich bei allen Schülerinnen, die ihre Arbeiten für dieses Buch zur Verfügung gestellt haben.

Else Breuer, Hilden – S. 44
Anke Broder, Düsseldorf – S. 60
Gerta Busse, Ratingen – S. 33, 46/47
Inge Fritz, Haan – S. 63
Margot Grote, Düsseldorf – S. 38
Ulla Hastenrath, Solingen – S. 19
Susanne Hastenrath-Link, Solingen – S. 17, 54
Hannelore Huth, Düsseldorf – S. 18, 24
Margret Jäcker, Düsseldorf – S. 34
Roswitha Judick, Erkrath-Hochdahl – S. 26
Bärbel Kernegger, Hamburg – S. 27
Uschi Klein, Düsseldorf – S. 52
Uschi Kron, Solingen – S. 31, 53
Edda Kuchenbecker, Morsbach – S. 10/11
Dr. Gisela Küll, Haan – S. 48
Wilma Maluck, Düsseldorf – S. 22, 26
Gerda Meiborg, Düsseldorf – S. 50
Yvonne Niedernolte, Erkrath – S. 41
Gertr. Niggemeyer, Erkrath-Hochdahl – S. 20, 25
Babsi Pfeil, Köln – S. 51
Dorothee Rasbach, Jülich – S. 40
Maja Röhricht, Haan – S. 32, 42, 57
Marta Rose, Düsseldorf – S. 29
Karin Ruschmeyer, Langenfeld – S. 25, 36, 56
Uschi Sehlbach, Düsseldorf – S. 61
Tilla Schehl, Düsseldorf – S. 23
Bruni Turek, Düsseldorf – S. 4/5, 7, 58
Bruni Weiß, Erkrath – S. 46, 47
Sigrid Wirz, Düsseldorf – S. 45

Die Deutsche Bibliothek – CIP-Einheitsaufnahme
Alt Leonie:
Speckstein – Figuren gestalten
Schritt-für Schritt-Anleitung; Technik; Beispiele / Leonie Alt. – Augsburg: Augustus-Verlag, 1994
ISBN 3-8043-0272-6
NE: HST

Fotografie: Klaus Lipa, Augsburg, Titelbild, S. 2, 3, 16 unten, 24, 30, 49, 62.
Harald Wefers, S. 17.
Alle anderen Fotos sind von der Verfasserin.
Lektorat: Manfred Braun
Umschlag: Christa Manner, München
Layout: Anton Walter, Gundelfingen

AUGUSTUS VERLAG AUGSBURG 1994
© Weltbild Verlag GmbH, Augsburg

Satz: Gesetzt aus 9 Punkt Korinna von Walter Werbegrafik, Gundelfingen
Reproduktion: Color Line, I-Verona

Druck und Bindung: Appl, Wemding
gedruckt auf 120 g umweltfreundlich elementar chlorfrei gebleichtes Papier.

ISBN 3-8043-0272-6
Printed in Germany

Vorwort

Seit Jahren unterrichte ich als Bildhauerin in Düsseldorf das Gestalten von Kleinplastiken aus Speckstein. Das ist für mich eine sehr befriedigende Arbeit vor allem, wenn ich die große Begeisterung und die Lust am Weitermachen aller meiner Schülerinnen erlebe. Genauso freue ich mich bei gelegentlichen Ausstellungen über die Resonanz von Besuchern, die staunend vor den Arbeiten der Kursteilnehmer stehen.
Wenn bei dieser schöpferischen Tätigkeit der Gewinn für alle so groß ist, so liegt nichts näher, als die befriedigende Arbeit der Gestaltung mit Speckstein jedem Interessierten nahezubringen. Aus dieser Überlegung ist dieses Buch entstanden.
An dieser Stelle darf ich mich bei allen meinen Schülerinnen bedanken, die hierzu ihre Arbeiten zur Verfügung gestellt haben bzw. die ich bei der Entwicklung dieser Arbeiten fotografieren durfte.
Gerade die vielen gelungenen Schülerarbeiten werden jedem Anfänger Mut machen evtl. erste Anfangsschwierigkeiten zu überstehen, nicht aufzugeben und sich weiterzuentwickeln. Alle Arbeiten zeigen, daß bildhauerisches Gestalten mit Speckstein zu Ergebnissen führt, die sich im wahrsten Sinne des Wortes »sehen lassen können«. So darf ich Ihnen am Anfang dieses Buches auch im Geiste meiner Schülerinnen zurufen: Nur Mut, auch Sie werden es schaffen!

Ihre Leonie Alt

Kauerndes Paar von Bruni Turek .

Obwohl aus verschiedenfarbigen Steinen ergab sich eine harmonische Darstellung in einer äußerst stilisierten Form.

Speckstein, was er ist und was man mit ihm machen kann

Speckstein, auch Seifenstein genannt, – weil er sich wegen seines Talkumgehaltes so anfühlt – wird in allen Erdteilen abgebaut. Sein wissenschaftlicher Fachname lautet Steatit.
Man unterscheidet viele Arten, die nach ihrer Härte unterschieden und entsprechend genutzt werden.
Der nordische Speckstein ist hart und wird zu Fußböden, Wandplatten, Kachelöfen und Gebrauchsgegenständen verarbeitet. Bei uns ist er brüchig, wird zermahlen und mit keramischen Beimischungen versehen zu Isoliermaterial und mit medizinischen in der Arzneimittelherstellung verwandt.

Für das bildhauerische Gestalten ist der weichere Stein aus dem südlicheren Erdgürtel, etwa aus China und Thailand, Australien oder Afrika bestens geeignet. Es gibt ihn in vielen Farben, Maserungen und Strukturen, mit eingeschlossenen Mineralien, Oxiden und Metallen, die das Erscheinungsbild unendlich variieren.
Speckstein wird skulptierend bearbeitet, d.h. um zur gewünschten Form der Figur zu kommen, wird überflüssiges Material abgearbeitet (im Gegensatz zum aufbauenden, modellierenden Gestalten, z.B. mit Ton und Gips). Da der Stein weich ist, eignet er sich bestens für leichte bildhauerische Arbeiten, insbesondere für Anfänger. Das Abarbeiten des Materials erfolgt durch Feilen und Schneiden; große Blöcke können auch zersägt werden. Für die Bearbeitung von Kleinplastiken eignen sich Steine ab etwa 2 kg Mindestgewicht bis etwa 10 kg. Mehr über das Material und seine Verarbeitung finden Sie im Kapitel »Über das Gestalten« ab Seite 10.
Wie Speckstein über Jahrhunderte hinweg auf allen Kontinenten kreativ bearbeitet wurde, sehen Sie in über 6.000 Exponaten im Museum des Auktionshauses Arnold in Frankfurt am Main. Das Museum liegt in der Hynsbergstraße 4 und kann nur nach Vereinbarung besichtigt werden. (Tel. Anmeldung: 0 69/28 27 79).

Unscheinbar und undifferenziert in der Farbe erscheinen diese beiden Steine. Links der bläulich schimmernde, rechts der weißliche. Was farblich wirklich dahintersteckt, zeigt das nächste Bild.

Wo bekomme ich Speckstein her?

Speckstein kaufen Sie in einschlägigen Hobby- und Bastelläden in Ihrer Umgebung. Falls Sie kein Glück bei der Suche haben, wenden Sie sich an die Firma Gerstäcker in 53774 Eitorf, Wecostraße 4, Telefon 02243/88 92. Das ist eine große Versandhandlung für Künstler- und Hobbybedarf, für die entsprechenden Materialien und Werkzeuge.
Falls Sie dort Bestellungen aufgeben, dann möglichst nur in vollen 10 kg-Mengen. Der Kilopreis liegt 1994 noch deutlich unter DM 3,-- für die verschiedenen Sorten. Natürlich müssen Sie hier mit relativ hohen Portokosten rechnen. Wenn Sie aber 50 kg und mehr bestellen, erfolgt die Zustellung frachtfrei.
Einfacher ist es, wenn Sie in der Nähe von Eitorf wohnen und dort direkt Ihre Steine (bis zu einem Gewicht von 500 kg und einer Höhe von 1 Meter) ansehen und kaufen können.
Wenn Sie sonst in Ihrer Umgebung Gelegenheit haben, Steine direkt kaufen zu können (in der Regel nur kleinere und dann zwangsläufig zu höheren kg-Preisen), haben Sie natürlich immer die bessere Möglichkeit, Ihren Stein nach Ihrem Motiv- und Farbwunsch und auch der gewünschten Härte auswählen zu können. Damit Sie bezüglich der Farbe keine Überraschungen erleben, nehmen Sie in einer Plastiktüte einen feuchten Schwamm mit, wischen Sie einfach über den gesuchten Stein und Sie werden seiner wirklichen Farbe ein großes Stück nähergekommen sein.
Der Bearbeitungsaufwand für eine Plastik hängt auch von der Härte des Steines ab. Weichere Steine lassen sich einfacher bearbeiten, doch sollten Sie poröse Steine meiden, da sie leicht bröckeln. Die Härte eines Steines können Sie durch Anritzen mit einem spitzen Metallstück (Nagel, Schraube) prüfen, aber auch bei ganz weichen Steinen durch Einritzen mit dem Fingernagel.
Noch ein Tip zum Steinekauf: Die besten Steine für Ihre Arbeit sind die von **allen** Seiten spaltrauhen Rohlinge. Dort sind Ihre Gestaltungsabsichten am wenigsten eingeschränkt.
Steine mit ein oder zwei sägeglatten Seiten – oft unumgänglich – sind selbstverständlich mit entsprechender Einfühlung auch gut zu bearbeiten.
Plattensteine für bestimmte Arbeiten (siehe Seite 38 und 60) kann man sich zusägen oder zusägen lassen.

Das hat Bruni Turek daraus gemacht: floral-verspielte Formen, die ineinander greifen. Der schwärzlich schimmernde Stein zeigt eine intensive helle Zeichnung auf Schwarz, der weißliche Stein zeigt sich in einem blassen Rosa, ähnlich einem polierten Rosenquarz.

Wo kann ich arbeiten?

Einen besonderen Arbeitsplatz benötigen Sie nicht. Sie brauchen natürlich etwas Platz um sich herum für Ihre Werkzeuge und können bequem auf einem Tisch oder mit dem Stein im Schoß arbeiten.
Allerdings müssen Sie mit Staub beim Raspeln und Feilen rechnen. Um diesen zu binden, legen Sie feuchte Handtücher oder nasse Zeitungen unter. Vermeiden Sie beim Arbeiten in geschlossenen Räumen Luftzug, damit der Staub nicht überallhin verweht wird.
Bei günstigem Wetter ist es sehr angenehm, im Freien zu arbeiten; ideal ist es z.B. auf einer Wiese oder im Urlaub am Strand.
Übrigens: Speckstein ist gesundheitlich unbedenklich. Entsprechende Untersuchungen liegen vor. Natürlich gibt es bei Ihrer Arbeit diesen feinen Steinstaub. Er ist lästig wie jeder andere Staub auch. Glücklicherweise fällt der meiste sowieso nach unten und wird aufgefangen. Für sehr empfindliche Nasen ist es aber in geschlossenen Räumen beim heftigen Feilen und Raspeln ratsam, eine Staubschutzmaske zu tragen, die Sie in allen Baumärkten kaufen können.

Werkzeuge und Hilfsmittel für erfolgreiches Arbeiten

Wie bei allen handwerklichen Arbeiten braucht man auch zum künstlerischen Gestalten von Speckstein eine Anzahl Werkzeuge, einige sind unbedingt nötig, andere erleichtern die Arbeit oder führen zu besseren Ergebnissen.
Das Bild mit den Werkzeugen und Hilfsmitteln zeigt eine Ausrüstung, mit der man sehr gut arbeiten kann. Sicherlich brauchen Sie ganz am Anfang noch nicht alle Teile, unbedingt in Ihrer Werkzeugausstattung sollte aber die Nummer 13, die Riffelraspel mit 20 cm Länge sein. Ich bezeichne sie im Buch immer als Standardraspel. Falls sie nicht in einem Künstlerbedarfsgeschäft in Ihrer Nähe zu erhalten ist, so ist sie bei der Firma Gerstäcker unter der Nummer 52840 zu bestellen. Das gleiche gilt generell für die Werkzeuge von Nummer 12 bis Nummer 16. Bei allen anderen Werkzeugen fragen Sie in Bau- und Hobbymärkten nach, evtl. auch in Eisenwarengeschäften.
Darüberhinaus sind noch einige Werkzeuge und Materialien nützlich, wie sie sich in jedem Haushalt finden: alte Manikür-Geräte, Meißel, Schraubenzieher oder Pinsel, Schnellkleber, Filzstift und Bleistift zum Anzeichnen.
Mehr Freude haben Sie an Ihren Werkzeugen, wenn Sie gut sauber gehalten und gepflegt werden. Vor allem die Raspeln und Feilen müssen Sie oft während der Arbeit, aber ganz bestimmt nach der Benutzung mit der Drahtbürste säubern.
Manchmal ist es für Ihre gestalterische Arbeit vorteilhaft ein Probemodell anzufertigen (siehe Seite 13). Dazu eignet sich Ton, aber auch Modelliermasse, die sowohl in Bastelläden und als »Knetgummi« in Spielzeuggeschäften zu haben sind.

Flüssige Politur oder Ölwachs, gesundheitlich unbedenklich, die Sie in Baumärkten und Farbhandlungen mit baubiologischen Abteilungen kaufen können. Was Sie auch noch brauchen und nicht im Bild gezeigt ist: Stahlwolle (überall erhältlich) und ein sog. »Handsenker«, der als Handsteinbohrer zu benutzen ist, da er einen fünfschneidigen Bohrkopf hat.

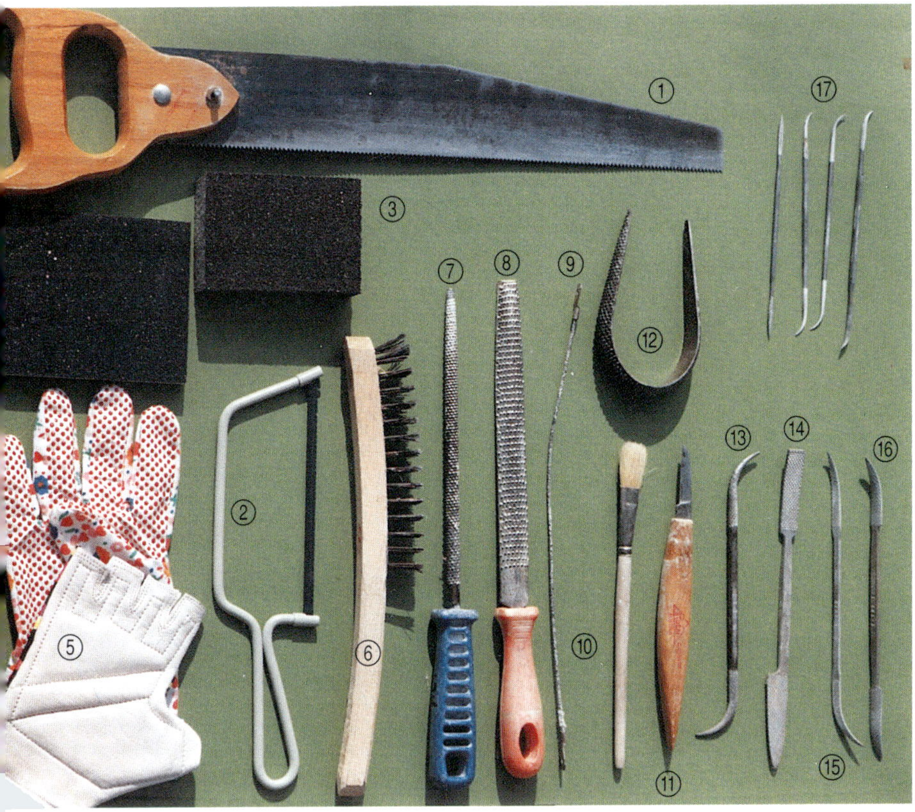

Werkzeuge und Hilfsmittel werden logischerweise vom Groben zum Feinen hin eingesetzt. Sie erzielen Wirkungen, wie sie auf den beiden Bildern zu sehen sind. Die rauhe Oberfläche zeigt die Spuren der Grobfeilung – den Anfang, die Ecke der Muschel die feinste Bearbeitung der Oberfläche – das Endstadium. Je nach Ihrer Gestaltungsabsicht können Sie auch mit einer rauhen oder fein polierten Oberfläche arbeiten (siehe das Beispiel der Schildkröte auf Seite 26).

① *Fuchsschwanz, zum Zerschneiden größerer Steine*
② *Handsäge, klein*
③ *Schmirgelschwamm, dick, verschiedene Körnungen auf jeder der 6 Seiten*
④ *Schmirgelschwamm, dünn, Körnung so fein wie möglich*
⑤ *Handschuhe (Garten- oder Fahrrad-) zur Handschonung*
⑥ *Drahtbürste zum Reinigen der Raspeln*
⑦ *Rundfeile, grob*
⑧ *Feile, grob, eine Seite eben, die andere Seite gewölbt*
⑨ *Kordelsäge, ca. 30 cm lang*
⑩ *Pinsel*
⑪ *Schnitzmesser (kann auch Küchenmesser mit kurzer Klinge sein)*
⑫ *Aushöhlraspel, gebogen, spitz zulaufend und von grob zu fein gekörnt*
⑬ *Riffelraspel 20 cm, rund, gebogen, spitz auslaufend*
⑭ *Riffelraspel 20 cm, 1 Seite messerförmig, andere Seite flach gebogen, spitz auslaufend*
⑮ *Riffelraspel 20 cm, dreieckig im Durchschnitt, gebogen, spitz auslaufend*
⑯ *Riffelraspel 20 cm, flachoval, gebogen, spitz auslaufend*
⑰ *Feinfeilen in den Formen wie bei ⑪ bis ⑯ angegeben, 15 cm lang*

Über das Gestalten – nur ein paar Worte

Speckstein ist ein anspruchsloses und in seiner gestalteten Form ein sehr dekoratives Material, das dem Marmor ähnelt. Holz und alle anderen Steinarten sind schwieriger zu bearbeiten und aufwendiger im Arbeitsplatz, bei der Bearbeitung entsteht mehr Lärm und Schmutz. Ton muß immer gebrannt werden und erhält seine gewünschte Wirkung oft erst durch mehrmaliges Glasieren. Das räumliche Vorstellungsvermögen, das beim Arbeiten mit Ton für das aufbauende Modellieren benötigt wird, ist beim Arbeiten mit Speckstein umgekehrt. Hier wird nicht auf-, sondern abgebaut. »Das Wegnehmen des Überflüssigen« hat es Michelangelo genannt. Es wird auch skulptierendes Arbeiten genannt. Gewiß, was weg ist, ist nicht wieder auftragbar, aber dafür merken Sie beim Betrachten des unbearbeiteten Steines von allen Seiten, was in ihm verborgen liegt. Sie erahnen bereits, was aus ihm am Ende werden kann.

Sie fühlen es noch viel stärker beim Anzeichnen und beim ersten vorsichtigen Feilen. Übernehmen Sie sich bei der Wahl Ihrer Formgebung am Anfang nicht. Bevorzugen Sie einfache Formen: rund oder flächig, konkav oder konvex. Arbeiten Sie **mit** der Form, nicht gegen die Form des Steins.

Aber keine Angst, Skulpturen herzustellen ist im Grund gar nicht so schwer. Sie müssen nur Ihre Umwelt natürlich, d.h. dreidimensional erfassen. Wissenschaftliche Anatomiestudien brauchen Sie hier nicht zu betreiben. Stellen Sie einfach die gewählten Motive in ihrem Wesen, ihren verschiedensten Erscheinungsformen dar.

Ideenfindung

»Welches Motiv wähle ich?« ist für die meisten wohl gar keine Frage. Trotzdem ein paar Hinweise hierzu, denn Sie können Ihr Motivspektrum noch wesentlich erweitern.

Bei den plastischen Arbeiten werden Sie sehr schnell merken, daß Ihre Beobachtungsgabe gefragt ist – und dabei geschärft wird. Eine echte Lebensbereicherung!

Überall um Sie herum sind umsetzbare Themen versteckt, an Ideen wird es nicht mangeln, man muß alles neu entdecken. Schauen Sie sich im Zoo, auf dem Spielplatz, einem Kinderfest oder draußen in der Natur um. Prägen Sie sich die Bewegungsabläufe alles Lebendigen ein, die Veränderung von Formen oder Gemütsbewegungen, die sich in Gesichtern niederschlagen. Besuchen Sie Galerien und Kunstausstellungen, erspähen Sie Interessantes in Kunstgeschäften. Blättern Sie Kunstbände durch, orientieren Sie sich an Klassikern der Moderne wie Henry Moore, Arp, Bill oder Picasso. Fotografieren Sie, was Ihnen gefällt und scheuen Sie sich nicht »nachzumachen«. Es wird sowieso immer anders als das Vorbild (siehe z.B. die »Schleife« von Uschi Kron, Seite 53), und Sie vergrößern auf alle Fälle Ihre Kenntnisse dessen, was machbar ist. Im Grunde genommen ist alles schon einmal dagewesen, wichtig ist nur, es sich selbst zu erarbeiten. Neulich entdeckte ich ein Zitat, das hierzu gut paßt: »Es ist der Mensch selbst, der seine eigene Entwicklung begünstigt. Bei jeder Altersstufe kommt es vor allem auf das eigene Interesse, den Antrieb und die Begeisterung an.«

Bevor Sie mir nun Schritt für Schritt bei der Herstellung Ihrer ersten Plastik folgen, hier noch ein kleiner Tip: Wenn Sie einen Stein gekauft haben, lassen Sie ihn zuerst eine Weile daheim liegen. Bei wechselnder Beleuchtung und wechselnden Stellungen wird er Ihnen immer vertrauter und Sie werden viel besser erkennen, wie Sie Ihr Motiv gestalten können.

Ruhender Vogel
von Edda Kuchenbecker.

Ein lebhaft gemusterter Stein und eine recht bizarre Haltung des Vogels. Trotzdem eine ausgewogene Form, die auch durch das Fehlen eines Flügels nicht gestört wird.

Der Weg zur ersten Plastik – Grundtechniken Schritt-für Schritt

Gerade für Einsteiger ist es wichtig, die ersten Plastiken **mit** dem Stein zu entwickeln. Das bedeutet, daß gerade am Anfang der unbehandelte Steinrohling erst die Phantasie anregen soll, um in ihm die Form für die zu gestaltende Figur zu entdecken. Dieses Spiel kennen Sie bereits von Kindheit an, wenn Sie bei Wanderungen in den Bergen aus Stein-oder Gebirgsformationen oder aus den gewaltigen Gewitterwolken Gesichter, Köpfe, Menschen- oder Tierformen herausgelesen haben.

Erst wenn Sie viel Erfolg in der Technik und mit dem Material Speckstein haben, können Sie Ihre Figurenvorstellung bereits im Kopf entwerfen und dann den richtigen Stein dazu aussuchen. Aber ganz »gegen« den Stein zu arbeiten, ist nicht ratsam. Ihr Werk wird niemals richtig »leben«, es wird kalt bleiben.

Wie Sie vorgehen sollen, zeigt die folgende Serie, in der auch die grundlegenden Bearbeitungstechniken gezeigt und beschrieben werden. Genießen Sie es, ein in vieler Hinsicht sympathisches und vielseitig bearbeitbares Material vor sich zu haben, denn Speckstein können Sie feilen, schaben, bohren, sägen, ritzen, schnitzen, trocken- und naßschleifen und in jeder Form polieren, aber niemals bildhauerisch mit Hammer und Meisel bearbeiten oder in einen Schraubstock zwingen, weil der Stein dann zerbricht.

Sollte unbeabsichtigt ein Stück des Steines ab- oder ausbrechen, so passen Sie Ihre Gestaltung der geänderten Form an. Bricht Ihnen eine fertige Plastik, so haben Sie die Möglichkeit, mit einem Schnellkleber zu retten, was zu retten ist. Die entstandene Naht wird zwar sichtbar bleiben, sie können Sie aber fein schleifen und polieren. Zum Trost: Brüche sind letztendlich doch sehr selten.

Das ist der Anfang, ein Stück der Erde, bräunlich, etwa 20 x 20 x 15 cm im Format und etwa 3 kg schwer. Was kann daraus werden? Drehen Sie den Stein, schauen Sie ihn prüfend von allen Seiten an.

Die Entscheidung ist gefallen. Ein kleiner Vogel, ein Käuzchen soll es werden. Mit einem dicken Filzstift wird die Grobform aufgezeichnet.

Die erste Bearbeitung mit einer groben Feile (es handelt sich hier um eine Feileraspel, bei der eine Seite Raspel – und eine Seite Feilenhieb ist). Der Stein wird damit von groben Unebenheiten befreit.

Teilweise nimmt der Stein bereits Gestalt an. Seine bräunliche »Patina« der Oberfläche verschwindet; er wird heller.

Nach innen gewölbte Flächen werden mit der Rundfeile geglättet.

Danach sieht diese Seite so aus.

Den Steinstaub zwischendurch immer wieder mit dem Pinsel entfernen, damit die Struktur der Oberfläche sichtbar bleibt.

Sie erleichtern sich die Arbeit der Formfindung, wenn Sie ein der Steinform entsprechendes kleines Modell formen. Das kann aus Ton oder einer Knetmasse sein. Vielleicht haben Sie dann eine bessere Vorstellung von dem, was einmal werden soll.

Auf die vom Staub befreite Rohform wird die geplante Figur bereits etwas genauer aufgezeichnet. Eigentlich ist der Kopf oben etwas zu schmal, aber das soll weiter nicht stören.

Der Bauch wird mit einer leicht gebogenen Flachfeile angedeutet.

Für die Bearbeitung des Kopfes nehmen Sie eine schmalere, spitz zulaufende und gebogene Feile. Achtung: Niemals »Halsrillen« machen, d.h. den Ansatz des Halses – egal ob bei Mensch oder Tier – durch einfeilen markieren. Meistens ist das Andeuten des Halsansatzes zu einem so frühen Gestaltungszeitpunkt noch falsch, oftmals leidet darunter auch das harmonische Gesamtbild der Figur.

Eine Ecke am hinteren Teil stört noch. Sie wird abgesägt. Man beginnt von einer Seite und – sehr wichtig – …

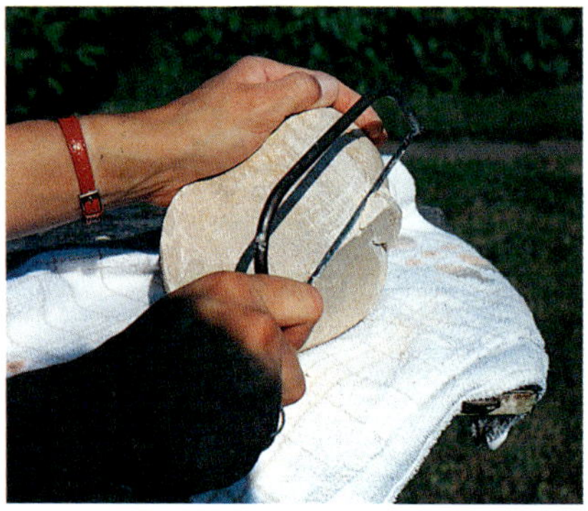

… dreht dann den Stein und sägt von der anderen Seite die störende Ecke weg. Mit dieser Technik wird das unkontrollierte Abbrechen verhindert.

Als störend entpuppt sich auch die Einbuchtung im hinteren Teil: Der jetzt tiefste Punkt muß in die Rundung des Rückens einbezogen werden. Das kann nur durch Abraspeln des hochgewölbten Teiles drumherum erreicht werden. In diesem Fall beginnt man von unten zu arbeiten, da die Standfläche ohnehin zu groß ist und plump wirkt.

Das Rückgrat wird eingezeichnet.

Durch tieferlegen dieses Teils wird die Flügelform angedeutet.

Die im Verhältnis zur Figur immer noch große Standfläche wird wieder von unten her entfernt (zuvor anzeichnen) …

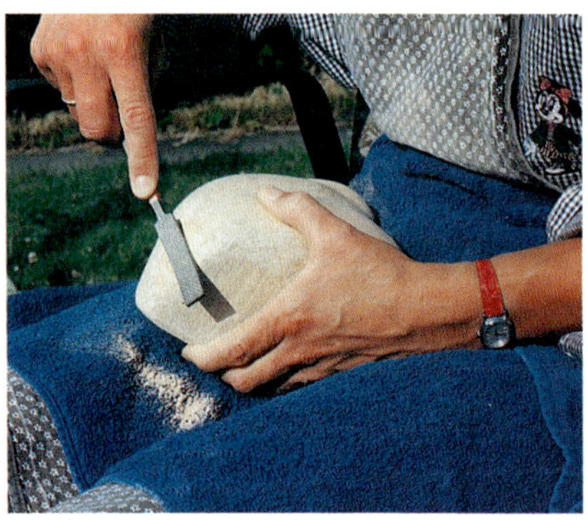

… indem man mit der Feile in die Körperrundung arbeitet …

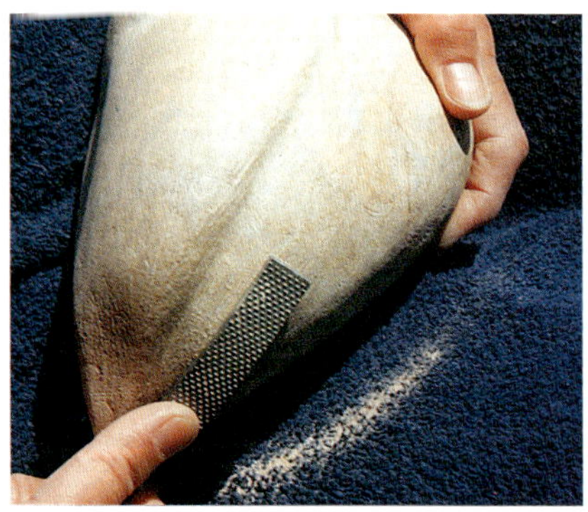

… und hinten das Schwänzchen formt.

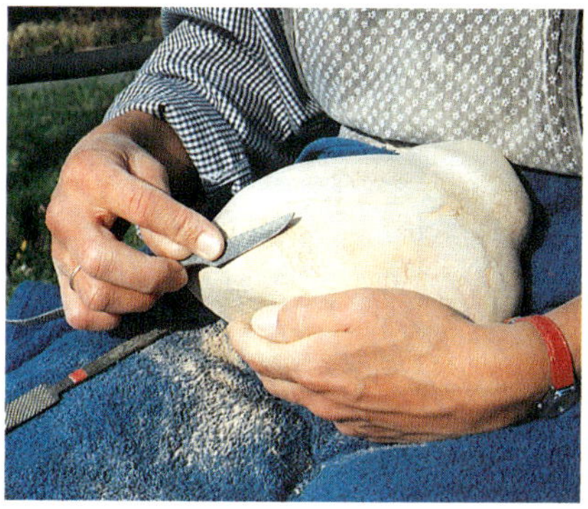

Mit einer kleinen Feile wird nachgearbeitet.

Mit Filz- und Bleistift werden die Augen jetzt genau aufgezeichnet.

Mit der feinsten gebogenen Feile wird der Umriß des Augapfels markiert und die Umgebung drumherum so vertieft, daß dieser erhöht stehen bleibt.

Jetzt muß der Schnabel aufgezeichnet und in gleicher Weise bearbeitet werden.

Das heißt, der Schnabel selbst bleibt erhaben stehen, das Umfeld wird wieder vertieft.

Größere Flächen werden mit dem Rücken eines (Küchen)-Messers quer zu den durch Riffelraspel und Feilen entstandenen Riefen geglättet.

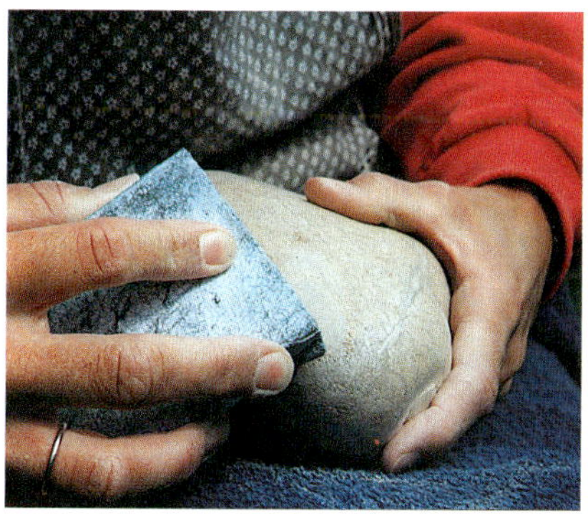

In der nächsten Glättungsstufe wird der dicke und ...

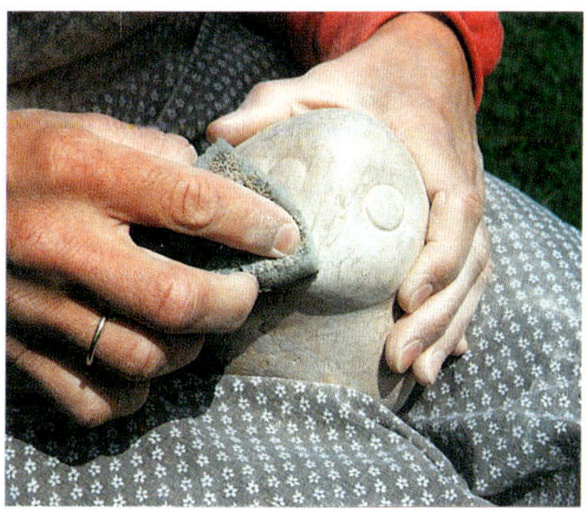

... der dünne Schmirgelschwamm benutzt.

Damit kommt man in jede Rille, genau wie mit der Stahlwolle. Reste des Steinstaubs werden abgepinselt.

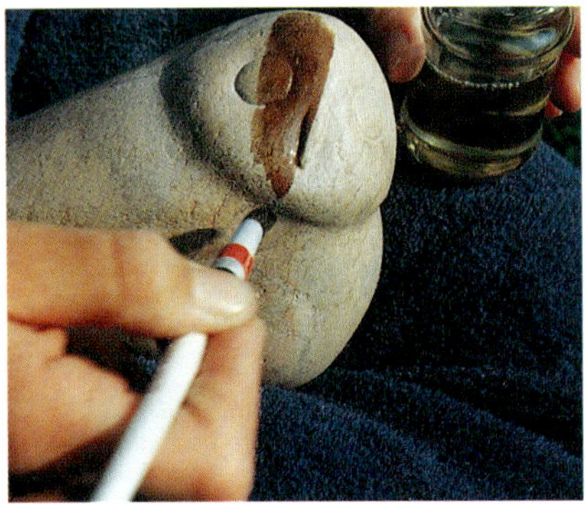

Die abtragende Bearbeitung des Steins ist beendet. Jetzt folgt die Endbehandlung mit Festigungs- und Glanzmitteln, also z.B. Polituren und Ölwachs. Manche nehmen sogar Hautcremes wie Nivea. Bei jeder Endbehandlung dunkelt der Stein mehr oder weniger nach.

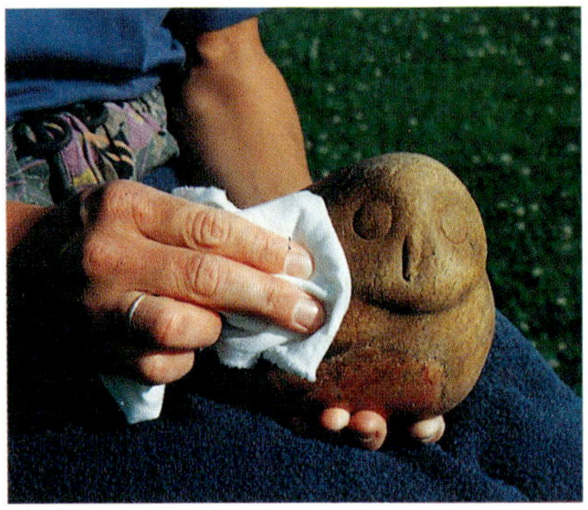

Mit einem weichen Lappen wird der Stein auf Glanz gebracht.

Der kleine Kauz und seine Gestalterin wirken sehr zufrieden: In dieser Form läuft die technische Behandlung fast aller Speckstein-Plastiken ab.

Galerie der Kleinplastiken

Die gesamte Vielfalt der Möglichkeiten an Farben, Formen und Themen der Specksteinbearbeitung werden in dieser Galerie dokumentiert.
Die beliebtesten Motive sind thematisch in Gruppen geordnet:
Tiere – Menschen – Florales und Freie Formen.
Es handelt sich bis auf drei Objekte ausschließlich um Schülerarbeiten, die besonders augenfällig zeigen, welche Erfolge man bei dieser Art des bildnerischen Gestaltens erzielen kann.
Viele der Arbeiten werden nur in den Endstadien gezeigt, eine ganze Anzahl aber auch in Zwischenstufen.
Neben technischen Hinweisen, die auf die Besonderheiten der jeweiligen Figur abgestimmt sind, erfahren Sie auch immer wieder etwas über die Idee, aus der die einzelnen Plastiken aufgrund der Vorgabe durch den Steinrohling gewachsen ist.

Liebendes Paar
von Susanne Hastenrath-Link

Oberhalb der von unten her ausgearbeiteten, sich fassenden Arme bringt eine durch die Steinform bedingte Öffnung die Figuren auseinander. Doch die Köpfe neigen sich wieder vertrauensvoll einander zu.

Tierisches

Verzauberter Fisch

von Hannelore Huth

Ein heller Rohling, etwa 4 kg schwer, ist das Ausgangsmaterial für die erste, ganz einfache Plastik. Durch grobes Zufeilen fallen die vielen Kanten und Zacken sehr schnell weg und die Grundform entsteht. In nicht nachlassender Geduld so lange feilen und glätten bis ...

... der Fisch in seiner stilisierten Form mit blättriger Struktur und in makellosem Weiß fertig ist: ein verzauberter Fisch!

Kleiner Eisbär

von Ulla Hastenrath

Eine feine Erstlingsarbeit mit sehenswertem Ergebnis: Ein kleiner Stein, nur 15 cm lang, erhält durch grobes Abfeilen diese Form.

Man kann bereits erahnen, was es wird. Durch Wegfeilen der Mitte auf beiden Seiten mit der flachgebogenen Raspel formen sich die kraftvolle Hinterpartie und die vorderen Beine, zwischen die eine weiche Einkerbung gefeilt wird – und schon läuft der Bär »im Schritt«.

Hals und Kopf werden sanft gerundet. Während des Glättens wird der Kopf zur Schnauze hin zugespitzt. Durch Wegnehmen von Steinmasse auf der linken Seite geht automatisch seine Richtung nach rechts. Durch diese Drehung des Kopfes kommt ein aufmerksam schauender Eisbär zustande, dessen Lebendigkeit noch durch die fleckige Färbung des Steins verstärkt wird.

Eine Robbe, die sich die Schwanzflosse putzt

von Gertrud Niggemeyer

Dieser Stein (die fertige Plastik ist etwa 17 cm hoch) wurde nach dem Gestaltungswunsch ausgesucht. Er wurde zuerst mit einer groben Feile geglättet und dann nach rechts um 90° gedreht. Er hat dann keine Standfläche mehr und wird zur Bearbeitung auf den Schoß genommen.

Nach dem Studieren der Möglichkeiten wurden kurze Anzeichnungen gemacht. Der Kopf wird mit der Standardraspel gerundet, der Einschnitt zu Bauch und Flosse mit einer flachen Feile angelegt. Gesamtform und Haltung sieht man jetzt schon recht gut.

Deutlicher wird das angepeilte Ziel nach dem Herstellen einer Öffnung mit der Standardraspel. (Das Vorbohren geht recht einfach mit dem kurzen Schnitzmesser). Das geschieht im oberen Drittel unterhalb des Kopfes und der Schwanzflosse. Vom Bauch wird soviel weggefeilt, daß die Seitenflosse erhaben stehen bleibt. Den Kopf durch vorsichtiges Beifeilen in Form bringen, ebenso die Schwanzflosse durch Vergrößerung der Öffnung und einer sanften Kerbe ganz am Ende. Achten Sie darauf, daß die Verbindung von der Flosse zum Kopf erhalten bleibt. Glücklicherweise gibt es bei Speckstein keine Materialspannungen wie z.B. bei Holz und Ton, so daß es bei vorsichtigem Feilen keine Probleme geben dürfte.

Die Rückseite der Robbe. Liebevoll wurde der Rücken gerundet, die Oberfläche fein bearbeitet. Auf diesem Bild erkennt man auch die sanfte Kerbe am Ende der Schwanzflosse recht gut.

Da ist sie nun, die verspielte kleine Robbe, die ihre Schwanzflosse zu küssen scheint.

Weiße Taube

von Wilma Maluck

Ein spaltrauher Rohling, gelblich-weiß. Ein guter Stein für das gewählte Motiv.

Das ist die noch »liegende, plumpe« Taube nach der zweiten Drehung nach links! Zuerst wurde die Oberfläche glatt gefeilt, dann der Stein zur besseren Bearbeitung nach links um 90° gedreht (aufgerichtet). Die beim Rohling rechts nach unten weisende Einbuchtung wurde mit der Standardraspel zu einem tiefen Einschnitt erweitert, der Kopf und Schwanzteil voneinander trennt. Der Einschnitt reicht gut zwei Drittel in den Stein hinein.
Dann wurde der Stein um 90° nach links weitergedreht in die Lage wie auf diesem Bild. Die äußere Form kann jetzt von Kopf bis Schwanzende rund gefeilt werden. Der sich hoch bauschende Schwanz läßt sich in dieser Stellung des Steins gut aushöhlen und weiterbearbeiten.

Wie bei der Robbe wird die Drehung des Kopfes durch Wegnehmen von Steinmasse auf **einer** Seite erreicht. Die Drehung geht dann immer in die entgegengesetzte Richtung. Die Linienführung an Hals und Kopf wurde ausgefeilt und verfeinert. Der Kopf verjüngt sich zierlich bis zum Schnabel. Fertig gewachst und poliert steht die Taube stolz, doch auch ein wenig verträumt da. Das Weiß strahlt durchsichtig im Gegenlicht, die blättrige Struktur deutet die Federn an.

Schnee-Eule

von Tilla Schehl

Eine außergewöhnliche Plastik aus einem recht großen Stein, von dem leider kein Bild in der Rohform existiert. Der Stein war fast eiförmig, mit Unregelmäßigkeiten und starken Einbuchtungen. Von den ursprünglichen 9 kg blieben am Ende nur noch knapp 4 kg übrig bei einer Höhe der Skulptur von etwa 25 cm. Der hohe Gewichtsverlust ist in diesem besonderen Fall im wesentlichen auf die großzügigen Durchbohrungen und Aushöhlungen zurückzuführen.

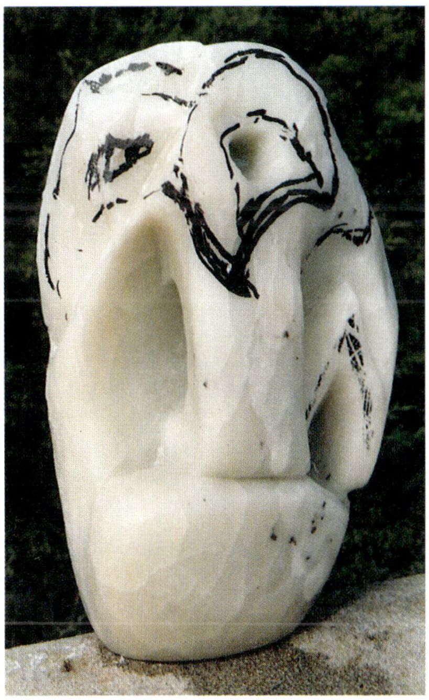

Die untere Spitze des eiförmigen Steins wurde nach dem Flachfeilen der äußeren Form abgesägt. So entstand eine ganz glatte Standfläche. Schrittweise ging es weiter: Immer wieder wurde neu angezeichnet, außen und im Stein mit dem Schraubenzieher gebohrt, mit Raspel und Feile intensiv gearbeitet.

Dann stand diese starke stilisierte weiße Eule in ihrer exzentrischen Form da – ein Wesen wie aus einer anderen Welt. Schwarze Oxideinschlüsse beleben das »Gefieder«, ein grünlicher Schatten liegt wie eine sanfte Patina über dem Ganzen.

Vogel

von Hannelore Huth

Ein taubengroßer Stein mit einer Struktur, wie man sie selten sieht. Form und Farbe wurden meisterlich in die Figur einbezogen. Einfach in der Form, wurden die Maserungen – richtig erkannt – in der Gesamtfigur »genutzt«. Sicher, eine glückliche Fügung, solch einen Stein zu erwischen. Aber wie sich das braune Band um den ganzen Körper schlingt und dann so in die Bearbeitung einbezogen wird, daß gleichzeitig der Schwanz farblich betont wird – das verlangt ein gutes Auge und ein Gefühl für das Machbare. So bildet das abgesetzte hellgraue Band eine in der Natur häufig vorkommende Augen-Schnabel-Partie und als Krönung – im wahrsten Sinne des Wortes – bildet die Maserung auf dem Kopf ein Mützchen. Vollendet! So einfach auch alles aussieht: 18 Stunden Arbeit stecken schon dahinter.

Mümmelmann

von Karin Ruschmeyer

Auch hier: eine kompakte Figur – doch mit vielen, nur angedeuteten Details, die ein sehr lebendiges Wesen ergeben.
Der etwa 25 cm lange Stein wurde sinnvollerweise wieder zuerst vom Kopf her bearbeitet. So hat man anfänglich genügend Platz, um bei notwendigen Verbesserungen der detaillierten Kopfpartie nach hinten ausweichen zu können. Viel Geduld und Sorgfalt beim Arbeiten mit kleinen Feilen sind nötig, um den Ausdruck des »Mümmelns« zu erzielen. Dieser Ausdruck ergibt sich aus der feinen Bearbeitung des Mäulchens, der gerümpften, d.h. etwas hochgezogenen Nase und aus der Stellung der sanften Augen. Einige sicher gesetzte Einkerbungen am Hals werden zu Falten, verstärken die Duckhaltung und die Drehung des Kopfes nach links. Für stehende Ohren ist kein Platz: Das linke hängt, das rechte ist geknickt. Unter dem Hals deutet sich ein Vorderlauf an, nicht sichtbar auf dem Bild die Andeutung eines Stummelschwänzchens. Der hintere Teil des Körpers geht ganz in der Rundung des Steins auf, der von Natur aus eine ganz andere Struktur als der vordere Teil hat. Man fühlt förmlich das hier sich etwas sträubende Fell.

Schildkröte

von Wilma Maluck

Zwei Oberflächentechniken an einer Figur von etwa 15 x 15 cm: Der Panzer und der Sockel, auf dem die Schildkröte sich reckt, sind in der bekannten Weise fertigbehandelt und poliert. Dagegen hebt sich der »weiche« Leib ab, der oberflächenrauh bearbeitet ist. Diese Struktur entstand durch ständige Kreisdrehungen mit der Spitze der Standardraspel. So anmutig und technisch interessant kann eine Anfängerarbeit sein.

Der Buckelwal

von Roswitha Judick

Das ist die ganz klassische Anfängerarbeit: Ein etwa 30 cm langer Stein, der eine fischähnliche Gestalt hat, wird in seiner Eigenart weiterbearbeitet. Fische gibt es in ganz ungewöhnlichen Formen, so daß man nie ganz falsch liegt, wenn man sie gestaltet. Hier wurde nach dem Grobfeilen die Form zum Maul hin zugespitzt, der Schwanz noch etwas gebogen und gefächert: Eine Miniaturausgabe eines Wales mit Baby, das aus einem abgebrochenem Stück des großen Steins analog der Großform entwickelt wurde.

Kätzchen

von Bärbel Kernegger

Allen Tierfiguren ist eine gewisse Kompaktheit eigen, so auch diesem Kätzchen mit einer Höhe von etwa 28 cm. Nur der Kopf ragt hier etwas weiter vor, er ist in einen »verbogenen« Stein eingearbeitet und ausdrucksvoll stilisiert: Die recht zierliche Nasenpartie erhebt sich aus den Einbuchtungen für das Augenpaar, fein modelliert die dreieckig wirkenden Ohren. Nach- und untergeordnet die übrige Figur mit dem stark gekrümmten Hals, den festen, gespreizten Vorderbeinen, der etwas seitlich verschobene hintere Körper. Seitlich lugt nur das Schwanzende hervor. Ein sehr lebendiges, auf Beute lauerndes Tier!

Naschendes Bärchen

von Gertrud Niggemeyer

Dieser Bär war in einem kubischen, sich nach oben verjüngenden braunen Stein von etwa 30 cm Höhe verborgen. Die Bearbeitung begann am Kopf, der auf der hochgezogenen Schulter-Arm-Partie aufliegt, und dann als weiteres Teil – und mitbestimmend für das Erscheinungsbild – der querliegende Bienenkorb. Er ruht auf dem linken, ebenfalls querliegenden Bein, das rechte ist neben dem Korb angewinkelt. Diese Anordnung ergab sich aus der quadratischen Standfläche. Außer dem zufrieden blickenden Gesicht mit den deutlicher gezeichneten Augen, der stumpfen Schnüffelnase und den Ohren ist nur der Korb präziser ausgearbeitet. Er bleibt in den Tiefen der strukturierenden Rillen rauh und hell, während die Figur sonst wie in ein weiches, glänzendes Fell gebettet ist.

Kleiner Elefant

von Marta Rose

Ein beliebtes Motiv, hier in der Größe von etwa 18 x 15 cm, das von den Proportionen her einige Anforderungen stellt, aber durch markante Körperteile die Arbeit wieder erleichtert: kräftiger Rücken, stämmige Beine, große Ohren und als einzigartiges Erkennungsmerkmal: der lustig gekrümmte Rüssel. Durch das Abfeilen des runden Rückens formt sich der mächtige Kopf, an dem die Ohren stehenbleiben müssen. Sie werden konkav geraspelt und bilden eine große Fläche bis zum hervorgehobenen Stirnteil, aus dem der Rüssel übergangslos herauswächst.

Auch die Bauchseite wird harmonisch gerundet, die kurzen Beine bleiben plump stehen; die beiden hinteren sind kürzer. Weitere Einzelheiten wie Stoßzähne und Augen entfallen aus technischen und gestalterischen Gründen.

Fischpaar

von Leonie Alt

Eine reliefartige, aber beidseitig bearbeitete Skulptur von etwa 20 x 15 cm, die an der dicksten Stelle bei den übereinanderliegenden Schwänzen etwa 4 cm mißt. Der Rohling war kaum größer als die fertige Arbeit, die besonders reizvoll ist durch das Loch zwischen den beiden Fischrücken. Der Bauchteil des großen Fisches ist von einer Seite mehr konkav, von der anderen Seite konvex gearbeitet. Zusammen mit den übereinanderliegenden Schwänzen wird dadurch mehr Volumen vorgetäuscht als der Rohling selbst besaß.

Der behäbige Kater

von Uschi Kron

Ein etwa 9 kg schwerer Stein, in dem ganz gezielt dieser Kater gesucht wurde.
Buckel und Dellen, Kopf und Schwanz sind nach dem Anzeichnen und durch vorsichtiges Anfeilen aus dem Stein gewachsen. Sehr schön im Bild zu sehen die Aufteilung der katertypischen Pausbacken, von Maul und Nase und die Einbuchtung für die Augenhöhlen, während die Augen selbst konvex gewölbt wurden. Nur die Ohren sind ein bißchen klein geraten, betonen aber dadurch den wuchtigen Katerkopf. Die behäbige Haltung wird durch den dicken, geringelten Schwanz unterstrichen, der sich um mehr als die Hälfte des Körpers legt.

Jakobsmuschel

von Maja Röhricht

Das Original einer Muschel diente als Vorlage, dies ist die rosige, versteinerte Wiedergeburt in einer Größe von etwa 25 x 30 cm. Eine Verdickung im flachen Stein ergibt die schöne Fassung der Muschel. Dorthin, also von außen nach innen, wurden die vertieften Rinnen gefeilt. Dabei mußte sorgfältig bedacht und geprüft werden, wieviele Rillen der Stein verträgt. Daraus ergab sich die Breite der erhabenen Bögen, die bis zur Fassung voll durchlaufen müssen. Übrigens, der äußere Rand blieb absichtlich so ausgebrochen wie bei vielen Muschelfunden am Meer, die Rückseite der Form wurde nur etwas geglättet und blieb sonst unbehandelt wie eine Muschelschale, die aus dem Riff gebrochen wurde.

Mensch-liches

Liegende in Schwarz

von Gerta Busse

Jeder gestaltet auf seine Weise, entwickelt seinen Stil: Speckstein erlaubt viele Spielarten.
Bei dieser Figur von etwa 25 cm Länge, die vom Stil her der Klassischen Moderne zugeordnet werden könnte, wurde umfassend vorgearbeitet: durch Zeichnung, Tonmodell und gezielte Steinsuche. Hier ist der ausgewogene Entwurf und seine Umsetzung das zentrale Anliegen, eine weitergehende Detailgestaltung dieser spannungsvollen Figur ist überflüssig: Auffällig nur das exakt ausgearbeitete kreisrunde Loch zwischen den scharf abgewinkelten Armen, dem verhältnismäßig kleinen Körper und dem fast kugeligen Kopf. Dominierend und spannungerzeugendes Element sind die starken, aber weich auslaufenden Beine. Vor dieser Naturkulisse beeindruckt die »Liegende in Schwarz« besonders dann, wenn sich das Sonnenlicht auf dem glatt polierten Stein spiegelt.

Hockender

von Margret Jäcker

An diesem größeren (etwa 30 x 25 x 12 cm) rötlichen Rohling wird die Verschiedenartigkeit bei der Bearbeitung von spaltrauhem über den grobgefeilten zum polierten Stein besonders deutlich. Bei der Gestaltung dieses relativ flachen Steines sind zwei Durchbohrungen nötig. Vermeiden Sie bei der Gestaltung immer ein Loch im Zentrum eines Steines. Daraus ergeben sich immer Schwierigkeiten bei der weiteren Formgebung.

Nachdem der Rohling grob geraspelt und die Haltung von Kopf, Armen und Beinen durch Anzeichnen festgelegt war, ergab sich die Notwendigkeit, eine weitere Öffnung zu bohren. Beide Öffnungen wurden unter Wahrung der Gesamtform mit der Standardraspel erweitert. Zwischen Kopf und Knien wurde eine kleine, zwischen Gesäß und Füßen eine größere, dreieckige Kerbe gesägt. Die Krümmung des Rückens ergab sich aus der vorhandenen Steinform. Durch weiteres Feilen verschwanden die eckigen Kanten.

Die fertige Figur bleibt stilisiert und ist in einigen ihrer Proportionen überzogen. Der flache Rohling ist immer noch zu erkennen. Die ganze Haltung des »Hockenden« jedoch ist glaubwürdig, in sich stimmig und erfüllt die Form mit Inhalt. Die kristallinen Ausblühungen sind diesem Stein eigen, der in seinen lebhaften Maserungen gut zu diesem Stil kontrastiert.

Mutter und Kind

von Karin Ruschmeyer

Ein einfach geformter, länglicher Stein von etwa 40 x 15 x 12 cm und einem Gewicht von etwa 6 kg, der dieses klassische Bildhauerthema in sich trägt.

Bereits während des Glättens – Teile des Steins sind noch gänzlich unbearbeitet – ist an der dicksten Stelle des Steines die Lage des Kopfes und an der noch unbehandelten Stelle die der Arme zu erkennen. Mit der Raspel wurde begonnen, die Vertiefung für den Umhang einzukerben.

Diese Stelle rechts vom Kopf wird mit der spitzen Standardraspel weiter ausgehöhlt. Dabei bleibt ganz rechts die Hülle in der vom Stein vorgegebenen Form stehen. Sie wird nur geglättet. Der Stein erlaubt hier eine Aushöhlung von mindestens 2 cm Tiefe, so daß der Kopf an dieser Stelle dreiviertel sichtbar wird und auch die Schulter noch fast 1,5 cm. Unterhalb der Schulter wird das Kind auf dem Arm der Mutter millimeterweise mit einer feinen Feile herausgearbeitet. Das Gesicht des Kindes ist dem der Mutter zugewandt, so daß der Kopf mit dem Mützchen schräg von hinten gesehen wird.

Auch alle anderen Formen der Plastik sind mit einer feinen Feile entstanden. Unterhalb des Armes, der im Umhang verborgen bleibt, wird der Stein in Falten gegliedert. Teils sind es flache Einbuchtungen, aber auch Unterschneidungen, also Unterhöhlungen, bei denen sich eine Steinfläche über die andere schiebt. So z.B. ausgeführt bei der großen Falte von links unten nach rechts oben. Die Endbehandlung erfolgt mit Schmirgelschwamm und Stahlwolle. Dabei wird ggf. noch leicht korrigiert und alle Formen weich geglättet, auch die Rückseite, so daß der Eindruck eines Umhanges entstanden ist. Maserungen und Einschlüsse, naturgegeben, prägen die Figur. So wurde aus dem matten, marmorähnlichen Stein ein in der Kunst uraltes Motiv mit einer ganz persönlichen Note.

Diese Plastik läßt sich gut an der Wand befestigen. Damit sie nicht für alle Zeiten an der einmal gewählten Stelle bleiben muß, wird sie mit einer Gewindeschraube und Hülse befestigt (wenn Sie stattdessen eine normale Holzschraube und einen Dübel nehmen, haben Sie beim Abnehmen mehr Mühe). Bohren Sie zuerst ein Loch in die dickste Stelle der Plastik, etwa in Höhe des Armes und kleben Sie, z.B. mit Pattex kompakt, die entsprechend lange Schraube ein.

Die Gewindehülse dübeln Sie in die Wand. Nun können Sie die Plastik in die Wand drehen. Lassen Sie etwa 2 cm Abstand zur Wand, dann wirkt Ihre Plastik räumlicher und nicht reliefartig, was durch ihren Schatten an der Wand noch verstärkt wird.

Sinnende

von Margot Grote

Ein spaltrauher Stein von etwa 25 cm Höhe, auf der anderen Seite glattgesägt, der nach der ursprünglichen Absicht der Gestalterin zu zwei aneinandergeschmiegten Eulen werden sollte.

Erst die glattgesägte Seite mit der groben, auffälligen Maserung läßt an andere Möglichkeiten denken. Es zeigt sich wieder: Nicht jeder Stein nach Farbe, Maserung und Form ist für jedes Motiv geeignet.

Nachdem der Stein allseitig gerundet und geglättet ist, deutet der Umriß eine ähnliche Figur an wie auf Seite 34/35. Die Gesamtform sowie Kopf, Arme und Beine werden eingezeichnet.

Die Durchbrüche zwischen Beinen und Armen, sowie unter dem Kopf werden mit der Standardraspel von beiden Seiten vorsichtig gebohrt und sinnvoll erweitert, ebenso der Einschnitt an den Beinen. **Bei diesem kleinen Stein ist daher Vorsicht geboten.** Bohren und Sägen führen zwar schneller zum Ziel, aber Raspeln gibt mehr Sicherheit und die Rundungen ergeben sich leichter.

Die fertige Skulptur aus einem anderen Blickwinkel. Der untere Teil der Beine wurde durch Einkerben leicht versetzt, so daß ihre Stellung lebendiger wirkt. Die Trennung von Kopf und Armen bringt die endgültige Haltung. Der Kopf wurde noch mehr gerundet, der Hals schlanker. Nicht sichtbar ist, daß beide Arme innen voneinander getrennt sind und an der »Hand« ineinander übergehen. Diese und weitere Feinarbeiten vollenden die Figur. Ein wirklich schöner Stein mit einer seltenen, gut einbezogenen Maserung.

Sinnendes Mädchen

von Dorothee Rasbach

Ein weißer Stein von etwa 15 cm Höhe, dessen leichte bräunliche Marmorierung die Figur sehr lebendig werden läßt. Achten Sie aber beim Kauf weißer Steine auf ihre Festigkeit, sie neigen häufig zum Krümeln. Die aufwendigste Arbeit bei diesem kleinen Stein war die Freistellung der Arme, die nur mit großer Vorsicht auszufeilen waren. Der »Sitzstein« wurde optisch abgehoben durch Stößeln und erhielt so eine rauhe Oberfläche. Für diese Technik wird ein kleiner rauher, aber härterer Stein benötigt, der auf den Speckstein gestossen wird. Daher der Begriff »Stößeln«.

Kopf eines Azteken

von Yvonne Niedernolte

Eine reliefartige Seitenansicht mit ausgeformtem Profil. Für diese Darstellung bot sich der kleine, flache und unregelmäßig geformte Stein (15 x 15 cm) an, der zur Mitte hin eine Verdickung von etwa 8 cm aufwies.
Geschickt ausgenutzt, mußte wenig Stein weggenommen werden. Auf der einen Kante ist seitenübergreifend das Gesichtsprofil geformt, die Kopfpartie – steinbedingt – nur geglättet, auf der Wange Spiralschmuck eingearbeitet, der Nacken in einen Federschmuck auslaufend.

Diese Bearbeitung findet sich auf der anderen Seite des flachen Steines wieder. Dieses Foto zeigt jedoch die schönere, die »Schokoladenseite« der Flachplastik. Die Gestalterin, die längere Zeit in Mittelamerika gelebt hat, erarbeitete diesen eindrucksvollen Kopf aus dem Gedächtnis ohne Vorzeichnung.

Ein Kind erzählt der Mutter ein Geheimnis

von Maja Röhricht

Diese anrührende Plastik ist so angelegt, daß von allen Seiten her bearbeitet werden muß. Der weiße Stein war in seiner Rohform fast kubisch, etwa 13 cm hoch und 1,5 kg schwer. Die Grundform der Köpfe, Arme und Beine waren durch Anzeichnen festgelegt worden. Bereits in dieser Phase muß man darauf achten, daß die Gliedmaßenzeichnungen nicht zu »Schienensträngen« werden. Ihre Umrisse dürfen nicht parallel laufen, sondern sie müssen sich von ihrem Ansatz her bis zum Ende (außer an den Händen und Füssen) kontinuierlich verjüngen. In dieser roh behandelten Form sind diese Grundbedingungen bereits umgesetzt und sichtbar.

An dieser Arbeit sei noch einmal eine Grundregel der technischen Bearbeitung erinnert. Gehen Sie beim Abarbeiten nie direkt an die endgültige Form, sondern arbeiten Sie sich durch sanftes Wegnehmen vor, um die Form aus ihrer Umgebung rund und harmonisch herauswachsen zu lassen. Vermeiden Sie vor allem an den Köpfen scharfe Halseinschnitte. Mit der Standardraspel und viel Geduld werden die endgültigen Haltungen der Gestalten herausgearbeitet.

An der Rückenlinie der Mutter und der Schrägstellung des Kindes ist noch die ursprüngliche Form des Steines zu ahnen, der von allen Seiten reliefartig bearbeitet wurde. Eine relativ leichte Arbeitsweise für eine schwierige Darstellung.

Die Einkerbung zwischen den Beinen des Kindes gibt der Skulptur den letzten Schliff. Nach der Feinbehandlung mit leichten Korrekturen strahlt diese anmutige Darstellung in reinstem Weiß.

Das Paar

von Else Breuer

Der etwa 15 cm hohe, bereits geglättete Stein läßt bereits »Das Paar« erkennen. Übrigens: Es ist eine echte Anfängerarbeit.

Das weitere Ausarbeiten der Vertiefung rechts oben ergibt den anlehnenden Kopf der (kleineren) Frau, die Verstärkung der seitlichen Einbuchtung links oben den Kopf des Mannes.

Durch das leichte Zurücknehmen der rechten Figur ergibt sich die schützende Armhaltung der linken Figur. Die Eleganz der fließenden Linie links wird durch Wegsägen der hinderlichen linken Wölbung erreicht. Durch die Vertikale gegenüber der geschweiften Linie rechts entsteht eine besondere Spannung. Seitlich werden die Figuren durch eine nach unten breiter werdende, weiche Einkerbung getrennt.

Kleine Formkorrekturen sind noch beim sorgfältigen Glätten möglich. Das gilt sowohl für die Köpfe als auch für die Armführung. Der lebhaft marmorierte Stein sorgt für Leben und Schönheit und verstärkt die Stimmung, die von diesem liebenden Paar ausgeht.

Madonna mit Kind

von Sigrid Wirz

Eine solche Gestaltung, die von den Proportionen und der klaren Form bestimmt ist, erfordert viel Einfühlungsvermögen und Geduld bei der Bearbeitung der einfachen Form des Umhangs, der in die Armhaltung übergeht, dem Oval des Frauenkopfes und dem fast runden Köpfchen des Kindes in der tiefen Ausbuchtung. Die besondere Anmut entsteht aus der Gesamthaltung der etwa 30 cm hohen Figur, aus der fließenden Bewegung im Umhang.

Auf der Flucht

von Gerta Busse

Diese Skulptur von etwa 23 cm Höhe lebt ganz und gar von der Einbeziehung der fließenden Maserung in die Gestaltung des Themas. Die sparsame Ausarbeitung von Köpfen und Armen geht auf in der Gesamtfigur, die durch ihre leichte Neigung zu einer einzigen vorwärtsdrängenden Bewegung – der Flucht – wird. Der Neigungswinkel der Figur wird noch mitbestimmt durch den Winkel beim Schnitt der Standfläche.

Mutter mit Kindern

von Bruni Weiß

Diese Gruppe erfordert einen hohen Aufwand an Feinarbeit mit kleinen, feinen Feilen für die ausdrucksvollen Gesichter und die Hände.

Die Einheit dieser drei Menschen – die Kinder gehen buchstäblich in der Mutter auf – erinnert gerade durch die Ausführung in einem dunklen Stein an Arbeiten der Eskimos (Inuit-Kunst), die eine hohe Perfektion und Ausdrucksfähigkeit bei der künstlerischen Gestaltung von Speckstein entwickelt haben.

Frauenporträt

von Bruni Weiß

Von der figürlichen Bearbeitung her sind reliefartige Darstellungen einfacher als »Rundum-Plastiken«. Gerade Porträts lassen sich gut aus flachen Steinen gestalten. Bei dieser fast lebensgroßen Frontaldarstellung muß – trotz räumlicher Verkürzung in die Tiefe – immer auf die gerundeten Formen in den Details, also Augen oder Lippen, geachtet werden. Auch im Profil betrachtet, müssen die Details an Augen und Mund sauber ausgeführt sein: Unterlid und Unterlippen liegen gegenüber Oberlid und Oberlippe etwas zurückgezogen. Der Schwung der Haare ist ganz der Steinform entsprungen und rahmt das Porträt sehr bewegt ein.

Kauernde

von Gisela Küll

Starke Wirkungen rühren aus Farbe und Form des Steines. Auffallend bei dieser Figur ist der Gegensatz von den eckigen Gliedmaßen zum rundlichen, überproportionierten Kopf, der doch stimmig zur Gesamtfigur ist. Der Stein hatte seine gestalterischen Schwierigkeiten. Aber das Ergebnis ist eine beeindruckende Anfängerarbeit.

Heilige Familie

von Leonie Alt

Ein schön gefärbter Stein von knapp 13 cm Höhe, einer Breite von 14 und einer Tiefe von 15 cm. Der Stein ist von unterschiedlicher Härte.
Er wurde zunächst geglättet und die gewünschte Darstellung einer dreiköpfigen Familie – Kind in der Mitte – schien möglich zu sein. Beim Arbeiten stellte sich dann schnell heraus, daß die Stelle, die den Kopf des Kindes bilden sollte, grieselig und deshalb nicht formbar war, so daß ich dort tiefergehen und den Stein abtragen mußte. Der kleine Kopf mußte seitlich nach vorne verlegt werden. Dabei stellte sich als Besonderheit heraus, daß dort jetzt eine kreisrunde Maserung als kleiner Heiligenschein den Kopf des Kindes zierte. Es war eine heilige Familie geworden.

Daraufhin beendete ich die Arbeit am Stein unter diesem neuen Aspekt und gestaltete an der unteren Vorderseite reliefartig noch Ochs und Esel als »Krippenergänzung«. Die Rückseite der Figurengruppe blieb glatt und undifferenziert als Körperabschluß bzw. als Gewänder.

Die große Familie

von Gerda Meiborg

Eine einfache, aber in ihrer Wirkung starke Skulptur in den Maßen 20 x 20 x 8 cm. Dabei sind Gruppendarstellungen manchmal leichter als es aussieht. Bei dieser Gruppe wurde die Rückseite in leichten, senkrechten Wellen geglättet, dem Stein nachgehend gehalten. Dominiert wird die Skulptur durch die Anordnung der einfachen Köpfe, die von der Form und Beschaffenheit des Steins mitbestimmt wurden. Eine Einkerbung etwas rechts von der Mitte geht recht tief. Sie ist aber schmal und weich geformt und gliedert die Gruppe in der Vertikalen.

Gegenständlich – Ungegenständlich

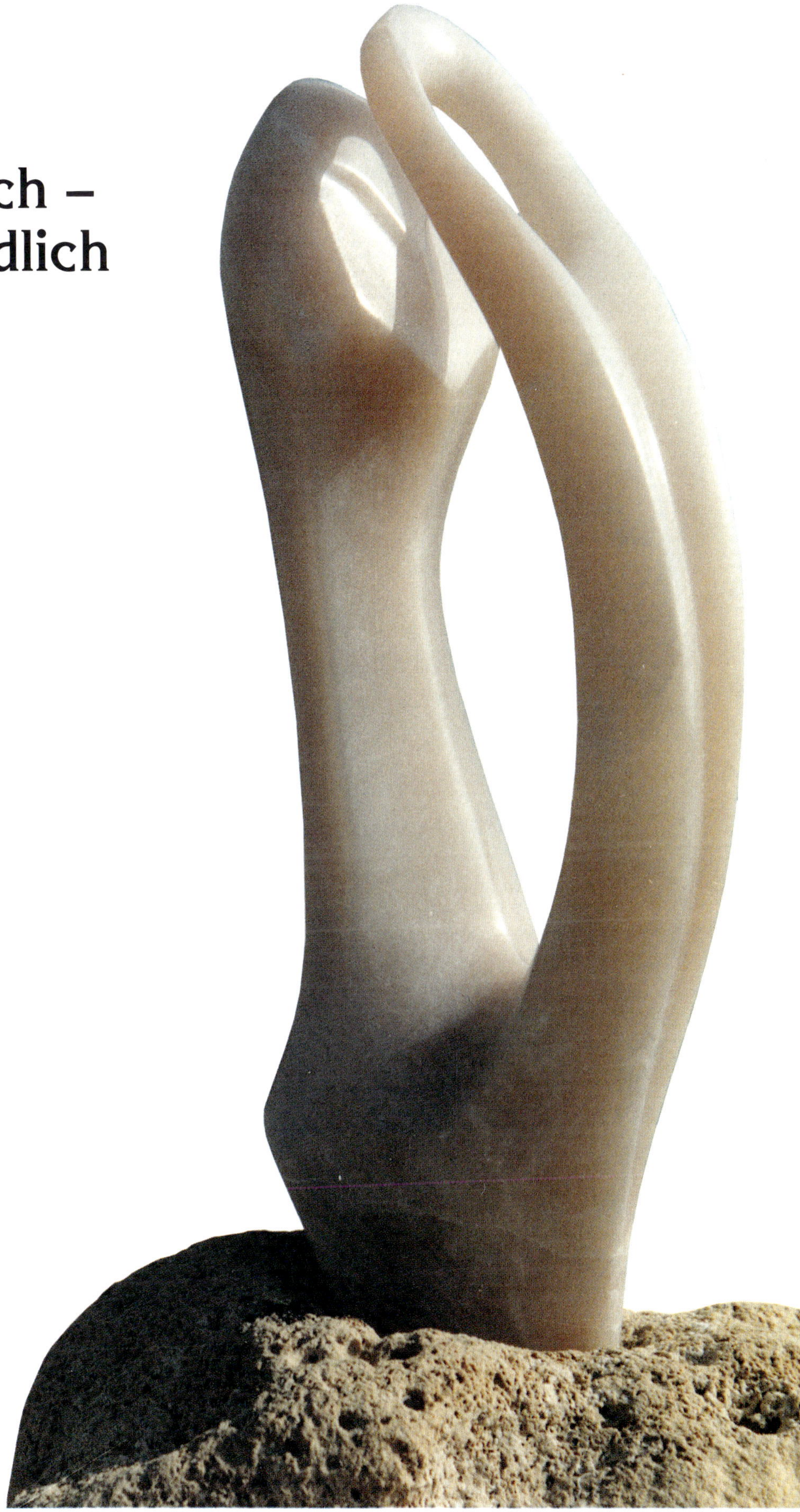

Paar

von Babsi Pfeil

Eine 30 cm hohe grazile Plastik aus einem makellosen Stein. In einer liebevollen Endbearbeitung wurde der zartrosa Stein in einen solchen Zustand gebracht, daß der weniger gängige Namen des Specksteins, nämlich Seifenstein, auch optisch vermittelt wird. Eine tolle Leistung sind die beiden Durchbrechungen, einmal die Trennung der beiden Hauptkomponenten und dann die »Öse« am rechten Teil oben. Gerade an den grazilen Teilen ist das Polieren unendlich problematisch und nur mit viel Liebe und Geduld möglich, andererseits spricht aber auch alles für das Material Speckstein, das ganz offensichtlich einiges aushält.

Kreisel

von Uschi Klein

Kaum 1 kg schwer ist der abgerundete, nach unten konisch zulaufende Rohling. Er bietet sich bereits in dieser Form als Kreisel an. Bei der Gestaltung wird seine eigene Form mit all ihren Vertiefungen und Erhöhungen aufgenommen und weiterbearbeitet.

Der geschwungenen, spitz zulaufenden Form, welche die andere Seite des Steins in diesem Bild zeigt, steht der abgerundete Zapfen rechts oben gegenüber ...

... und die Einkerbung der geschwungenen Linie der wieder anderen Seite, die mit einer spitzen Dreiecksraspel entstanden ist.
So ergibt sich von jeder Seite ein anderes Bild. Zur Präsentation wird der Kreisel mit der leicht abgeflachten Spitze nach unten auf einem Schieferbruchstück mit einem Hartkleber sicher befestigt.

Die Schleife

von Uschi Kron

Eine aufwendige Arbeit an einem großen Stein, Gewicht des Rohlings etwa 9 kg, die Größe der fertigen Plastik etwa 28 x 28 cm.

Angeregt von den großen Plastiken des Schweizer Bauhaus-Künstlers Max Bill wurde diese Kleinplastik zuerst skizziert und dann auf dem Stein immer wieder neu angezeichnet und bearbeitet. Dabei entwickelte sich die endgültige Fassung letztendlich doch weg von der ursprünglichen Idee, weil Rücksicht auf die Gegebenheiten des Steins genommen werden mußte. Heraus kam eine harmonische Plastik, bei der die große Öffnung entgegen aller Regel fast genau in der Mitte liegt. Ständige Überschneidungen und asymmetrische Linienführungen und Ausformungen haben den Charakter erheblich verändert.

Doppelsegel

von Susanne Hastenrath-Link

Gerade in dieser Stellung bietet sich der Rohling von etwa 25 x 22 x 15 cm und einem Gewicht von etwa 6 kg für seine Bestimmung als Segel an.

Beim Glätten – unter weitgehender Beibehaltung der Urform des Rohling – kam ein schönes Weiß hervor. Wie aber sind die zwei fast parallelen Segel entstanden?

Genauso wie bei der Demonstration an diesem kleinen dunklen Stein: mit einer Sägekordel. Für diese Arbeit wird der Stein fest zwischen die Beine geklemmt und die Sägekordel an beiden Enden gefaßt und hin und her gezogen. Der Vorteil gegenüber der starren Säge: Sie haben die Möglichkeit, von Anfang an sanfte Rundungen in den Einschnitt zu bringen.

Stundenlanges Glätten ergibt diese Form und heftige Zweifel bei der Gestalterin, deren anderes Hobby das Segeln ist: »... ein Segelschiff sieht in Wirklichkeit ganz anders aus«. Machen Sie sich bei freien Formen frei von der Vorstellung, daß es aussehen muß wie in der Natur. Hier ist kein Schiffsmodell gefragt, sondern die aus dem Stein heraus geschaffene Vision eines in der Ferne dahinschwebenden Schiffes.

Voilá, hier ist die Vision, noch weit weg vom Meer, doch weiß glänzend ...

... und hier gegen Sonne und Meer in köstlicher Durchsichtigkeit.

Florales in Weiß

von Karin Ruschmeyer

Trotz der Größe von 30 x 25 x 12 cm wirkt die Skulptur in ihrer schönen Strukturierung ganz leicht. Der rauhe, weiße Stein wurde ganz seiner Form nachgehend geglättet, die Standfläche gesägt. Eine tiefe, konkav-konvex geschwungene Einkerbung bis zu dreiviertel der Tiefe wurde mit der Sägekordel eingezogen. Die so entstandenen »Blätter« wurden wiederum konkav-konvex lebendig gestaltet. Zur Standfläche hin ergab sich eine gefällige »Wurzelbildung«.

Zuneigung

von Maja Röhricht

Eine ungewöhnliche, abstrakte Komposition aus einem relativ schmalen Stein mit ungleichmäßiger Basis, Länge zur Höhe etwa 30 auf 27 cm. Optisch erscheint die Figur wie aus zwei Teilen, die nur einander zugeordnet wurden. Das ist aber nicht der Fall, denn so wie die hochreckende linke Seite, so ist auch die sich neigende rechte Seite bearbeitet und beide sind an sich überdeckenden Stellen miteinander verbunden. Der Eindruck zweier getrennter Figuren wird durch die Fugen ausgelöst, die zwischen den zwei Komponenten jeweils an den Berührungsstellen mit kleinen Feilen eingearbeitet wurden. Eine gewagte Konstruktion mit einem besonderem Reiz.

Drehscheibe

von Bruni Turek

Hinter diesem Thema versteckt sich eine originelle Idee, die in der technischen Durchführung recht schwierig ist. Der ideale Stein dafür ist eine Art Platte von 4 cm Dicke und dem Format 25 x 22 cm, Gewicht etwa 3 kg. Als besonderes Werkzeug benötigen Sie das abgebrochene Blatt einer kleinen Metallsäge.

Glätten Sie zuerst beide Seiten des spaltrauhen Steines. Dann werden auf beiden Seiten der Platte mit einem Zirkel genau gegenüberliegend Kreise eingezeichnet. Ziel ist es, diese Kreise im Stein so zu bearbeiten, daß dieser Teil als Scheibe im Stein verbleibt, die aber drehbar wird. Beginnen Sie die Ausarbeitung auf einer Seite der Scheibe mit der Spitze der Standardraspel. Feilen Sie sich zuerst, vom Zentrum der Scheibe aus gesehen, von innen nach außen zum Rand des Kreises hin und in den Stein so hinein, wie es Zeichnung 1 zeigt. Arbeiten Sie in dieser Weise auch auf der anderen Seite der Scheibe. Dabei darf der umgebende Grundstein nicht beschädigt werden.

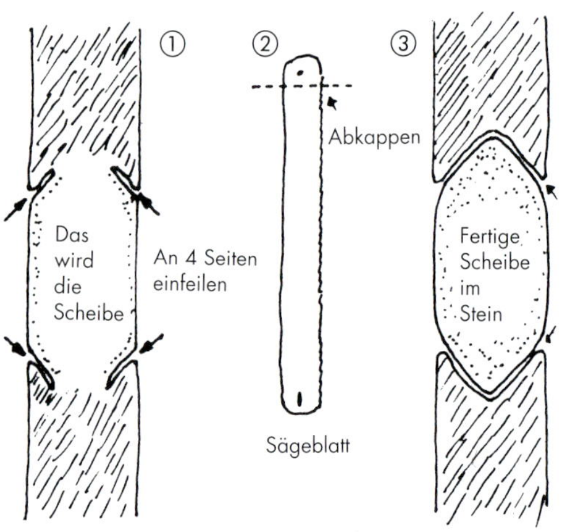

Setzen Sie dann die Arbeit mit dem abgebrochenen Sägeblatt (Zeichnung 2) fort. Sägen Sie damit leicht im Bogen zum Innern des Stein hin, wie es Zeichnung 1 bereits andeutet und Zeichnung 3 in der endgültigen Ausführung zeigt. Die Bearbeitung geschieht von beiden Seiten so lange, bis die Scheibe vom Innern des sie umhüllenden Steines gänzlich getrennt und frei drehbar zur »Drehscheibe« wird. Sie bleibt aufgrund der ausgefeilten Technik im Stein »gefangen«.

Feilen Sie den sichtbaren Teil dieser Scheibe und glätten Sie ihn zu den Einschnitten hin so, daß eine leichte Wölbung entsteht. Die Ränder des Kreises im Grundstein müssen sauber und gleichmäßig sein, können aufgrund ihrer Festigkeit aber nicht so spitzwinklig bleiben wie in der Schnittzeichnung, weil sie sonst leicht abbrechen. Nachgeglättet glitzert der Stein, seine lebendige Maserung wird deutlich. Drehen Sie die Scheibe im Stein und die veränderte Richtung der Maserung zeigt ihre Wirkung. Ein frappierendes Objekt!

Steinuhr

von Anke Broder

Ein kantiger, flacher Stein von etwa 15 x 12 cm und etwa 3 cm dick – durch strichähnliche Vertiefungen und seitliche Einkerbungen streng geformt – wurde zur Uhr. Um die Zeiger mit dem Uhrgehäuse zu verbinden, wurde mittig mit einem Bohrer ein Loch von 10 mm Durchmesser geschaffen. Passend hierzu war auf der Rückseite eine Vertiefung von etwa 2 cm zur Aufnahme des Uhrwerks nötig. Das Format der Vertiefung – meist etwa 55 x 50 mm – richtet sich nach der genauen Größe des Uhrwerkgehäuses. Uhrwerk und Zubehör erhalten Sie in Hobbyläden.

Das Buch der Bücher

von Uschi Sehlbach

Eine Buchhändlerin faßte diese Form (15 x 20 x 10 cm) in Stein. Sehr sorgfältig gearbeitet die sogenannten Bünde, das sind die erhabenen Bänder im Rücken, die Prägung im Deckel und der zurückversetzte Buchblock mit der Andeutung der einzelnen Blätter. Sie wurden mit ganz grober Feile fest und gerade gezogen, nicht geschmirgelt und nicht nachbehandelt.

Unbestimmbar

von Leonie Alt

Eine gegenstandslose Figur, die in ihrer vielfältigen Form und Farbgebung zu immer neuen Aufstellungs- und Sehweisen reizt. Letztendlich ist dieser Stein nie ganz erfaßbar, weil das Auge sich nirgendwo richtig »festhalten« kann. Hier wurden viele Möglichkeiten der Gestaltung praktiziert, die auch bei anderen Darstellungen Verwendung finden können:
– Die konkave Rundung, die in das Loch »fällt«,
– die bewußt schräggehaltene Durchbohrung,
– die konvexen Rundungen, die nach außen in Bögen aufgeteilt sind,
– die sich im weiteren Verlauf verjüngenden Parallelstufen
– die sich überlappenden Wellen und
– zum Abschluß noch eine große Spirale.
Man kann die Plastik nach Lust und Laune aufstellen – alle Möglichkeiten sind erlaubt – und man entdeckt florale, fisch-, vogel- und muschelähnliche Elemente.